시원스쿨 중국어 연구소 지음

시원스쿨 HSK 기본서

3급

2019 최신판
2회분＋해석

- 실제 HSK 시험 성우의 듣기 음원
- 실제 시험지와 동일한 편집과 구성
- 新HSK 3급 필수 어휘 300 PDF 무료 제공

시원스쿨 新HSK 실전 모의고사

3급

저자 최은정

시원스쿨 新HSK 3급 실전 모의고사

초판 1쇄 발행 2019년 06월 25일

펴낸이 양홍걸 이시원
펴낸곳 (주)에스제이더블유인터내셔널

저자 최은정
기획총괄 최지환
편집 이경민
감수 시에멍위

출판총괄 조순정
디자인 김현철 유형숙 강민정 차혜린 김보경 이상헌
조판 유형숙
출판마케팅 장혜원 이성원 이윤재 위가을
제작/지원 김석성 양수지

임프린트 시원스쿨
홈페이지 china.siwonschool.com
주소 서울시 영등포구 국회대로74길 12 남중빌딩 시원스쿨
등록번호 2010년 10월 21일 제 321-2010-0000219

도서문의 안내
대량구입문의 02)2014-8151 **팩스** 02)783-5528
기타문의 02)6409-0878

이 책은 저작권법에 따라 보호받는 저작물이므로 무단복제와 무단전재를 금합니다.
이 책 내용의 전부 또는 일부를 이용하려면 반드시 저작권자와
㈜에스제이더블유인터내셔널의 서면 동의를 받아야 합니다.

* 파본은 교환해 드립니다.
* 책값은 뒤표지에 있습니다.
* LOT SW J-190619 P02

실전 모의고사 정답

一、听力 듣기

第一部分 제1부분	1	F	2	C	3	E	4	B	5	A
	6	E	7	B	8	D	9	A	10	C
第二部分 제2부분	11	√	12	√	13	×	14	√	15	×
	16	√	17	×	18	√	19	×	20	√
第三部分 제3부분	21	C	22	B	23	C	24	A	25	B
	26	A	27	C	28	C	29	B	30	B
第四部分 제4부분	31	B	32	A	33	A	34	C	35	B
	36	A	37	B	38	B	39	C	40	C

二、阅读 독해

第一部分 제1부분	41	F	42	D	43	C	44	A	45	B
	46	C	47	D	48	E	49	A	50	B
第二部分 제2부분	51	D	52	B	53	F	54	A	55	C
	56	A	57	C	58	B	59	E	60	F
第三部分 제3부분	61	B	62	C	63	A	64	A	65	C
	66	A	67	B	68	C	69	B	70	A

三、书写 쓰기

第一部分 제1부분	71	山脚下有很多大树。	72	这些水果看起来不太新鲜。
	73	我去洗手间洗洗脸。	74	这是为你特别准备的杯子。
	75	他把办公室打扫得很干净。		

第二部分 제2부분	76	云	77	回	78	忙	79	打	80	早

모의고사 1회 실전 모의고사 해석

一、听力 듣기 해석

✓ 第一部分 · 제1부분

1–5

1

> 女：体育新闻什么时候结束？我想看电影。
> 男：快了，还有五分钟。

해석

여: 스포츠 뉴스는 언제 끝나요? 나는 영화를 보고 싶어요.
남: 금방이야. 5분 남았어. （ F ）

2

> 男：妈妈，你看我的雪人可爱吗？
> 女：很可爱。但为什么它只有眼睛没有鼻子和嘴呢？

해석

남: 엄마, 제 눈사람 보세요. 귀엽죠?
여: 귀엽네. 그런데 왜 눈만 있고 코와 입은 없는 거니? （ C ）

3

> 女：这家饭店什么菜最好吃？
> 男：只听说这儿的鱼做得不错，别的不太了解。

해석

여: 이 식당은 무슨 요리가 가장 맛있죠?
남: 이곳의 생선이 괜찮게 요리한다는 것만 들었지, 다른 것은 그다지 잘 몰라요. （ E ）

4

> 男：他鼻子小小的，真可爱。有一岁了吗？
> 女：没有，才八个月。

해석

남: 그의 코가 아주 작고 정말 귀엽네요. 한 살 됐나요?
여: 아뇨, 겨우 8개월이에요. （ B ）

5

> 女：洗手间怎么没水了？
> 男：不会吧，我刚才还在那儿洗脸刷牙呢。

해석

여: 화장실에 어째서 물이 안 나와?
남: 그럴 리가 없어. 내가 방금 그곳에서 세수하고 이를 닦았는걸. （ A ）

6–10

6

> 男：你的作业还没写完?
> 女：是。这个题太难了，我看不懂，不会做。

해석

남: 네 숙제 아직 다 안 한거니?
여: 네. 이 문제가 너무 어려워서 제가 보고도 이해가 안 돼서 못하겠어요. （ E ）

7

女：爸爸，我也要喝这个。
男：不可以，小孩子不能喝啤酒。

해석

여: 아빠, 저도 이거 마실래요.
남: 안돼. 아이는 맥주를 마셔서는 안 된단다. (B)

8

男：王校长，欢迎您来我们学校。
女：马老师，好久不见。我们边走边聊吧。

해석

남: 왕 교장 선생님. 우리 학교에 오신 것을 환영합니다.
여: 마 선생님. 오랜만이네요. 우리 걸으면서 얘기하도록 합시다.
 (D)

9

女：你有早上看报纸的习惯？
男：是的。我经常边吃早饭边看。

해석

여: 당신은 아침에 신문 보는 습관이 있나요?
남: 네. 저는 종종 아침을 먹으면서 봐요. (A)

10

男：您好，我们几点能上飞机？
女：不好意思，还要再等一会儿。

해석

남: 안녕하세요. 우리는 몇 시에 비행기를 탈 수 있죠?
여: 죄송합니다. 아직 조금 더 기다리셔야 합니다. (C)

第二部分 · 제2부분

11

以前我总是担心，自己教不好孩子，所以我一直在努力学习怎么做一个好爸爸。慢慢地我发现自己变得越来越好了。
★ 他变得比以前更好了。

해석

이전에 나는 항상 내가 아이를 잘 가르칠 수 없을 것이라는 걱정을 했고, 그래서 줄곧 어떻게 좋은 아빠가 될 것인지 배우려고 노력했다. 천천히 나는 스스로가 갈수록 좋게 변한다는 것을 발견했다.
★ 그는 이전보다 더 좋아졌다. (√)

12

这种饮料太甜了，要少喝一些，特别是小孩子，如果喝多了很容易牙疼。
★ 小孩子要少喝那种饮料。

해석

이런 음료는 너무 달아서 좀 적게 마셔야 하는데, 특히 어린 아이들이 만약 많이 마시게 되면 이가 아프기 쉽다.
★ 어린 아이들은 그런 음료를 적게 마셔야 한다. (√)

13

关于这次的考试成绩，我已经给大家发电子邮件了。有问题的同学可以问我。
★ 他给大家打电话了。

해석

이번 시험 성적에 관해. 나는 이미 모두에게 메일을 보냈습니다. 문제가 있는 학생들은 저에게 물어도 됩니다.
★ 그는 모두에게 전화했다. (X)

14

遇到问题时，着急和难过是没有用的。我们应该做的是先找到问题出在哪里，然后再想办法去解决它。

★ 遇到问题时不要急。

> 해석

문제를 만났을 때, 조급해하고 괴로워하는 것은 소용없는 것이다. 우리가 해야 하는 것은 먼저 문제가 어디에서 생겼는지 찾아내고, 그런 이후 방법을 생각해서 그것을 해결해야 한다.

★ 문제를 만났을 때 조급해하지 마라. (√)

15

陈小姐，欢迎您来到我们的节目。听说您去过很多国家，您能给我们讲讲旅游时需要注意的问题吗？

★ 陈小姐对游泳很感兴趣。

> 해석

천 샤오지에, 우리 프로그램에 와주신 것을 환영합니다. 듣기로 당신은 많은 국가를 가본 적이 있다고 하던데, 우리에게 여행할 때 주의해야 할 문제를 이야기해 주실 수 있을까요?

★ 천 샤오지에는 수영에 대해 매우 관심이 많다. (X)

16

树和草这些看得见的东西很容易画出来，但是风和时间这些看不见的东西应该怎么画呢？我需要好好儿想一想。

★ 他在想怎么把时间画出来。

> 해석

나무와 풀 같은 이런 볼 수 있는 것은 쉽게 그려낼 수 있지만, 그러나 바람과 시간 같은 이런 볼 수 없는 것은 어떻게 그려야 할까? 나는 잘 좀 생각해 볼 필요가 있다.

★ 그는 어떻게 시간을 그려낼 것인지 생각하고 있다. (√)

17

我很小的时候爸妈就出国了，一直都是爷爷、奶奶在照顾我，他们对我的影响最大。

★ 老师对他的影响最大。

> 해석

내가 아주 어렸을 때 부모님은 출국하셔서, 줄곧 할아버지와 할머니가 나를 돌봤고, 그들의 나에 대한 영향이 가장 크다.

★ 선생님의 그에 대한 영향이 가장 크다. (X)

18

小朋友们注意啦！这些小动物都是吃草的，不可以把我们吃的东西给它们吃。记住了吗？

★ 那些小动物是吃草的。

> 해석

어린이 여러분들 주의하세요! 이 작은 동물들은 모두 풀을 먹는 것으로, 우리가 먹는 음식을 그것들에게 먹이면 안 됩니다. 기억했나요?

★ 그 작은 동물들은 풀을 먹는 동물이다. (√)

19

人们越来越离不开手机，现在的手机不但能打电话、上网，还可以用来开关空调和电灯。

★ 人们现在离不开空调。

> 해석

사람들은 갈수록 휴대 전화를 벗어날 수 없고, 지금의 휴대 전화는 전화하고 인터넷을 할 수 있을 뿐만 아니라, 사용해서 에어컨과 전등을 켜고 끌 수 있다.

★ 사람들은 현재 에어컨을 벗어날 수 없다. (X)

실전 모의고사 1회 해석

20

> 我们那个地方的习惯和你们这边不太一样，有机会我带你到我家那边走一走、看一看。
> ★ 两个地方的习惯不一样。

해석

우리의 그 지역 풍습은 당신들의 이 곳과 그다지 같지 않으니, 기회가 있으면 내가 당신을 데리고 우리 집 그곳에 가서 다녀보고 구경하도록 해요.

★ 두 지역의 풍습이 다르다. (√)

✓ 第三部分 · 제3부분

21

> 女: 儿子发烧了，我们带他去看医生吧。
> 男: 好！我去把车开出来，你先给他的老师打电话，请个假。
> 问: 他们一会儿要去哪儿？
> A 面包店　　B 火车站　　C 医院

해석

여: 아들이 열이 나요. 우리 그를 데리고 병원에 진찰받으러 가요.
남: 좋아. 나는 가서 차를 가져올 테니, 당신은 먼저 그의 선생님에게 전화해서 병가를 내.
질문: 그들은 잠시 후에 어디를 가려고 하나?

보기

A 빵집　　　　B 기차역　　　　C 병원

22

> 男: 小姐，鸡蛋已经卖完了，但是羊肉还有，也很便宜。您要吗？
> 女: 不用了，谢谢。
> 问: 女的想买什么？
> A 鸡肉　　　B 鸡蛋　　　C 鱼

해석

남: 아가씨, 달걀은 이미 다 팔렸지만, 양고기는 아직 있고 저렴해요. 사시겠어요?
여: 아니에요. 감사합니다.
질문: 여자는 무엇을 사고 싶어 하나?

보기

A 닭고기　　　　B 달걀　　　　C 생선

23

> 女: 你经常上网买东西吗？
> 男: 当然。因为很方便，而且比商店里卖的更便宜。
> 问: 男的觉得在网上买东西怎么样？
> A 有点儿贵　　B 选择太少　　C 很方便

해석

여: 당신은 자주 인터넷에서 물건을 사나요?
남: 당연하죠. 편리하고 게다가 상점에서 파는 것보다 더 저렴하니까요.
질문: 남자는 인터넷상의 물건이 어떻다고 생각하나?

보기

A 조금 비싸다　　B 선택이 너무 적다　　C 편리하다

24

> 男: 刷完牙就不要再吃东西了。

女：但是我又饿了，我就吃一块西瓜。

问：女的怎么了？

A 饿了　　　B 忘记刷牙了　　　C 没洗脸

해석

남: 이를 다 닦고 나면 다시 음식을 먹지 마.

여: 하지만 나는 또 배가 고파졌어. 수박 한 조각만 먹을게.

질문: 여자는 어떻게 된 것인가?

보기

A 배가 고파졌다　　　B 이를 닦는 것을 잊었다

C 세수를 하지 않았다

25

女：爸爸，照片上的那个人是你吗？

男：是啊。那时我才二十五岁，还没跟你妈妈结婚呢。

问：照片上的人是谁？

A 奶奶　　　B 爸爸　　　C 爷爷

해석

여: 아빠, 사진상의 저 사람이 아빠예요?

남: 그래. 그 때 나는 25살이었는데, 아직 네 엄마와 결혼도 안 했었어.

질문: 사진상의 사람은 누구인가?

보기

A 할머니　　　B 아빠　　　C 할아버지

26

男：那是你妈妈？看上去真年轻。

女：是啊。大家都说我们像姐妹。

问：关于她妈妈，可以知道什么？

A 长得年轻　　B 有两个妹妹　　C 不到30岁

해석

남: 저 사람이 당신 엄마예요? 보기에 정말 젊어 보이시네요.

여: 그래요. 모두 우리가 자매 같다고 말해요.

질문: 그녀의 엄마에 관해 무엇을 알 수 있나?

보기

A 젊게 생기셨다　　　B 두 명의 여동생이 있다

C 30세가 되지 않았다

27

女：我能用一下你的笔记本电脑吗？我着急发个邮件。

男：没问题。你先用吧。

问：女的着急做什么？

A 看比赛　　　B 上网聊天儿　　　C 发邮件

해석

여: 제가 당신 노트북 컴퓨터를 좀 사용할 수 있을까요? 제가 급하게 메일을 보내야 해요.

남: 괜찮아요. 당신이 먼저 사용해요.

질문: 여자는 급하게 무엇을 하려 하나?

보기

A 경기를 보다　　B 인터넷에서 채팅하다　　C 메일을 보내다

28

男：银行刚才打电话过来，让我下周去上班。

女：太好了，真为你高兴。

问：关于男的，可以知道什么？

A 打算请假　　B 要去锻炼　　C 找到工作了

해석

남: 은행이 방금 전화 와서, 나더러 다음 주에 출근하래.

여: 너무 잘됐네요. 정말 당신 때문에 기뻐요.

질문: 남자에 관해, 무엇을 알 수 있나?

보기

A 휴가를 낼 계획이다   B 운동하러 가려고 한다

C 직업을 찾았다

29

女：医生，这种药对睡觉有影响吗？
男：一般不会。如果有的话你再来找我。
问：他们最可能在哪儿？
A 宾馆   B 医院   C 超市

해석

여: 의사 선생님, 이런 약이 잠자는 것에 영향이 있나요?
남: 일반적으로는 그렇지 않습니다. 만약 있다면 다시 저를 찾아 오세요.
질문: 그들은 어디에 있을 가능성이 가장 큰가?

보기

A 호텔   B 병원   C 슈퍼마켓

30

男：这是车票？
女：对。这是十几年前的车票。那时候才三角钱一张。
问：那时候的车票多少钱一张？
A 一元   B 三毛   C 三分

해석

남: 이것이 차표예요?
여: 맞아요. 이것은 십몇 년 전의 차표예요. 그때는 겨우 한 장에 3쟈오였죠.
질문: 그때의 차표는 한 장에 얼마였나?

보기

A 1위안   B 3마오   C 3펀

第四部分 · 제4부분

31

男：能帮我在你们学校的图书馆借本书吗？
女：没问题，你把书名告诉我吧。
男：谢谢你！那本书叫《围城》，我们学校的图书馆没有这本书。
女：不客气，我明天就去图书馆找一找。
问：男的想让女的帮什么忙？
A 打扫房间   B 借书   C 搬家

해석

남: 나를 도와 너희 학교 도서관에서 책을 한 권 빌려줄 수 있을까?
여: 문제없어. 책 이름을 나에게 말해줘.
남: 고마워! 그 책은 《웨이청》이라고 하는데, 우리 학교 도서관에는 이 책이 없어.
여: 천만에. 내가 내일 도서관에 가서 찾아볼게.
질문: 남자는 여자로 하여금 무엇을 돕게 하고 싶어 하나?

보기

A 방을 청소한다   B 책을 빌린다   C 이사한다

32

女：喂，我到你家楼下了，但是我忘记你住哪一层了。
男：五层，五零三。上来后右边第一家就是。
女：知道了。电梯来了，马上上来。
男：好，我给你开门。
问：男的家在第几层？
A 5层   B 6层   C 7层

해석

여: 여보세요, 나는 너희 집 아래층에 도착했어. 그런데 네가

어느 층에 사는지 잊어버렸어.
남: 5층, 503호야. 올라온 뒤 오른쪽 첫 번째 집이야.
여: 알았어. 엘리베이터 왔어. 금방 올라갈게.
남: 좋아. 내가 너에게 문을 열어줄게.
질문: 남자의 집은 몇 층에 있나?

보기

A 5층　　　　　　B 6층　　　　　　C 7층

33

男：我给你发的电子邮件你看了吗？
女：还没呢，最近一直忙着复习没上网。
男：我给你发了去年的考试题，你找时间看看吧。
女：太好了，谢谢你。
问：女的最近为什么没上网？
A 忙着复习　　B 还没起床　　C 作业多

해석

남: 내가 너에게 보낸 메일을 너는 봤니?
여: 아직. 요즘 줄곧 시험공부 하느라 바빠서 인터넷을 안 했어.
남: 내가 너에게 작년 시험 문제를 보냈으니까, 시간을 내서 보도록 해.
여: 너무 잘됐다. 고마워.
질문: 여자는 최근에 왜 인터넷을 안 했나?

보기

A 시험공부 하느라 바쁘다　　　B 아직 기상하지 않았다
C 숙제가 많다

34

女：您好，有什么可以帮您的？
男：请问，现在还有房间吗？
女：只有一个单人间了。
男：好吧，我就要这间吧。
问：他们很可能在哪儿？
A 银行　　　　B 图书馆　　　　C 宾馆

해석

여: 안녕하세요. 뭐 도와드릴 것이 있나요?
남: 좀 물어볼게요. 지금 아직 방이 있나요?
여: 오직 1인실 하나만 있습니다.
남: 좋습니다. 저는 이 방으로 할게요.
질문: 그들은 아마도 어디에 있는가?

보기

A 은행　　　　　B 도서관　　　　　C 호텔

35

男：你怎么哭了？
女：为这个比赛，我准备了很久，还是没拿到第一。
男：没关系，你已经很努力了。一千多人参赛能拿第三已经非常好了。
女：我明白。但还是有点儿难过。
问：女的怎么了？
A 生气了　　B 有些难过　　C 感冒了

해석

남: 너는 어째서 울었니?
여: 이 시합을 위해서 제가 오랫동안 준비했는데, 그래도 1등을 못했어요.
남: 괜찮아. 너는 이미 노력했어. 천여 명의 사람이 시합에 참가했는데 3등을 한 것은 이미 매우 훌륭해.
여: 알아요. 하지만 그래도 좀 괴로워요.
질문: 여자는 어떻게 된 건가?

보기

A 화가 났다　　　B 조금 괴롭다　　　C 감기 걸렸다

실전 모의고사 1회 해석

36

女：喂，你最近是不是工作上遇到问题了？
男：姐，我见面再跟你说吧。你下午方便吗？
女：方便。我们在哪儿见呢？
男：就在上次去的那个茶馆吧。
问：他们是什么关系？

A 姐弟　　　B 师生　　　C 夫妻

해석

여: 여보세요. 너는 요즘 업무상에서 문제에 부딪혔니?
남: 누나, 내가 만나서 다시 말할게. 오후에 편해?
여: 응. 우리 어디서 만나?
남: 지난번에 갔던 그 찻집에서.
질문: 그들은 무슨 관계인가?

보기

A 누나와 남동생　　　B 스승과 제자　　　C 부부

37

男：明天就要比赛了。你准备得怎么样？
女：有点儿担心。我觉得自己水平很一般。
男：你练习了这么久，已经比以前提高很多了。
女：谢谢。我一定会努力的。
问：关于女的，可以知道什么？

A 练习了半年　　B 明天有比赛　　C 水平很高

해석

남: 내일이 곧 경기야. 너는 준비가 잘 되었니?
여: 조금 걱정이야. 나는 내 수준이 평범하다고 생각해.
남: 너는 이렇게 오래 연습했고, 이미 예전보다 많이 향상되었어.
여: 고마워. 나는 반드시 노력할 거야.
질문: 여자에 관해, 무엇을 알 수 있나?

보기

A 반년 동안 연습했다　　　B 내일 경기가 있다
C 수준이 높다

38

女：先生，您想要哪种鲜花？
男：我不太懂。你帮我选选吧。
女：您是要送给谁呢？
男：我姐姐，她今天出院。
问：他们最可能在哪儿？

A 医院　　　B 花店　　　C 公园

해석

여: 손님, 어느 종류의 꽃을 원하세요?
남: 저는 그다지 잘 모릅니다. 당신이 저를 도와 좀 골라주세요.
여: 당신은 누구에게 선물하려고 하시죠?
남: 우리 누나예요. 그녀는 오늘 퇴원하거든요.
질문: 그들은 어디에 있을 가능성이 가장 큰가?

보기

A 병원　　　B 꽃집　　　C 공원

39

男：我饿了，我们叫外卖吧。
女：好啊。你想吃什么？
男：上次要的那个鸡蛋面很好吃。我还要那个。
女：好。那我要个羊肉面。
问：男的想吃什么？

A 羊肉　　　B 米饭　　　C 鸡蛋面

해석

남: 나는 배가 고파. 우리 배달시키자.
여: 좋아. 너는 무엇을 먹고 싶어?

남: 지난번에 시켰던 그 달걀 국수 맛있더라. 나는 또 그걸로 할래.
여: 좋아. 그럼 나는 양고기 국수로 할래.
질문: 남자는 무엇을 먹고 싶어 하나?

보기
A 양고기   B 쌀밥   C 달걀 국수

40

女：怎么少了一箱书？我记得一共是二十箱啊。
男：不会吧，我都搬上来了。
女：你看，这儿只有十九箱。
男：我去看看电梯里有没有。
问：女的是什么意思？

A 往西走   B 电梯打不开   C 少了一箱书

해석

여: 어째서 한 상자의 책이 부족하지? 내 기억엔 모두 스무 상자인데.
남: 그럴 리가. 내가 모두 옮겨서 올라왔어.
여: 봐, 여기 겨우 열아홉 상자만 있잖아.
남: 내가 가서 엘리베이터 안에 있는지 없는지 좀 볼게.
질문: 여자는 무슨 뜻인가?

보기
A 서쪽으로 가라   B 엘리베이터가 열리지 않는다
C 한 상자의 책이 부족하다

二、阅读 — 독해 해석

第一部分 · 제1부분

41-45

41
해석
얘야, 너는 아직 이곳을 기억하니? 예전에 내가 자주 너를 데리고 왔단다.
F 당연하죠. 우리는 여기서 사진을 찍은 적도 있잖아요.

42
해석
D 그는 최근 어째서 항상 비교적 늦게 오는 거죠?
그가 사는 곳을 옮겼어요. 그의 집에서 회사까지 한 시간이 넘게 걸려요.

43
해석
C 중국에 온 이후, 그녀의 중국어 수준이 빠르게 향상되었다.
그녀는 갈수록 말을 잘한다.

44
해석
케이크를 만들 때는, 달걀을 넣는 것을 제외하고 약간의 우유도 넣을 수 있단다.
A 알아요. 할아버지가 예전에 저에게 가르쳐준 적이 있어요.

45
해석
B 좀 일찍 쉬어. 이미 11시 15분이 되었어.
네, 저는 이 프로그램만 다 보고 가서 잘게요.

실전 모의고사 1회 해석

46-50

46
해석

오늘은 내가 설거지할게요. 당신은 온종일 힘들었으니, 가서 TV 봐요.

C 됐어요. 당신은 젓가락과 컵을 가져오기만 하면 돼요.

47
해석

D 마잉, 이 책을 내가 좀 보게 빌려줄 수 있을까?

내가 다음 주 화요일에 너에게 돌려줄게.

48
해석

이번 중국어 시험에서, 샤오까오는 지난번보다 훨씬 시험을 잘 봤어요.

E 그의 학습 성적이 크게 향상되었어요.

49
해석

친구들아, 내가 칠판 위에 세계 지도를 그렸어.

A 봐, 우리나라가 여기에 있고, 중국은 우리 서쪽에 있어.

50
해석

B 아이가 요즘 그다지 나와 말하고 싶어 하지 않아요. 어떡하죠?

당신은 시간을 많이 써서 아들과 함께 있고, 그와 이야기를 많이 해야 해요.

第二部分 · 제2부분

51-55

51
해석

그녀는 말이 적어서, 당신이 그녀에게 10마디를 하면, 그녀는 아마 당신에게 한 마디를 D 대답할 거예요.

52
해석

일이 비교적 바쁘기 때문에, 장신은 요즘 많이 B 말랐다.

53
해석

그는 어렸을 때부터 전자 게임에 F 흥미가 있어서, 자란 후 그는 게임과 관계있는 직업을 선택했다.

54
해석

이 몇 A 장의 사진은 나로 하여금 예전의 많은 즐거운 일을 생각나게 한다.

55
해석

안심해. 아빠는 분명히 네가 이렇게 하는 것에 C 동의할 거야.

56-60

56
해석

A: 7년이 되었고, 그녀가 A 마침내 나와 결혼하는 것에 동의했어요.
B: 정말이요? 너무 잘됐네요! 정말 당신으로 인해 기쁩니다.

57
해석

A: 기차역으로 가는 길에 C 슈퍼마켓이 있나요? 제가 약간의 물건을 사고 싶어서요.
B: 기차역 부근에 하나 있으니, 거기 가서 사세요.

58
해석

A: 가는 길에 조심하고, 학교에 도착하면 집에 전화하렴.
B: 네, 안심하세요. 제가 스스로를 잘 B 돌보도록 할게요.

59
해석

A: 나는 주말에 동물원에 가고 싶은데, 너는 어떻게 가는지 아니?
B: 508번을 타면 바로 도착해. 자전거를 타고 가면 아마 더 E 편리할거야.

60
해석

A: 10년이 지났는데 이 F 거리는 거의 특별한 변화가 없네요.
B: 네, 여전히 그렇게 깨끗하고, 그렇게 조용하네요.

第三部分 · 제3부분

61
해석

이웃집 왕 할아버지는 초등학교 교장 선생님이다. 그는 매일 처음으로 학교에 도착하고, 마지막으로 떠난다. 그는 종종 만약 일이 당신 자신이 흥미를 느끼는 것이라면 아무리 힘들어도 즐거운 것이라고 말한다.

★ 왕 할아버지는?

보기

A 사람에게 친절하다   B 자신의 일을 좋아한다
C 학생들을 돕는 것을 좋아한다

62
해석

이 손목시계는 내 여덟 살 생일 때 오빠가 나에게 선물해준 것으로, 이미 여러 해 동안 사용했다. 비록 보기에 조금 낡았고 색도 변했지만, 그러나 나는 여전히 그것을 좋아하고, 새 것으로 바꾸고 싶지 않다.

★ 그 손목시계는?

보기

A 명절 선물이다   B 오빠를 위해 산 것이다
C 이미 낡았다

63
해석

당신의 아이가 TV를 좋아하게 하지 마세요. 당신이 생각해 보세요. 만약 TV 앞에 있지 않으면, 그는 무엇을 할까요? 그는 아마도 책을 읽고 그림을 그리거나 다른 아이와 놀 것입니다. 이것들이 장시간 TV 앞에 앉아 있는 것보다는 훨씬 좋습니다.

★ 이 글은 주로 우리에게 아이가 무엇을 해서는 안 된다고 알려주는가?

보기

A 장시간 TV를 본다   B 항상 게임을 한다   C 너무 바쁘다

64

해석

어떤 여자아이들은 마를수록 보기 좋다고 생각하고, 마르기 위해 때로는 밥도 먹지 않는데, 이렇게 하면 몸에 매우 좋지 않다. 사실 건강이야말로 가장 중요한 것이다.
★ 이 단락은 우리에게 무엇을 알려주는가?

보기

A 건강이 예쁜 것보다 중요하다
B 작은 일 때문에 화내지 마라
C 너무 배불리 먹지 마라

65

해석

책을 볼 때 일부 역사상의 인물 혹은 국가명을 만나게 되는데, 이런 글자들 중 많은 글자들을 현재는 사용하지 않아서, 그것들의 발음과 뜻을 알고 싶으면 사전의 도움이 필요하다. 그래서 사전 한 권이 있으면 편리하다.
★ 책을 볼 때 무엇을 만나게 되나?

보기

A 고등학교 친구   B 풀어본 적이 있는 연습문제
C 모르는 글자

66

해석

케이크를 만드는 것은 사실 간단해서, 만약 당신이 흥미가 있다면 내가 당신에게 가르쳐줄 수 있습니다. 당신은 배우기를 원하나요? 그럼 좋습니다. 우리는 먼저 우유, 달걀, 밀가루, 설탕과 과일 이런 것들을 준비하고, 그런 다음 시작할 수 있습니다.
★ 화자는 어떻게 생각하나?

보기

A 케이크를 만드는 것은 어렵지 않다   B 국수가 더 비싸다
C 쌀밥은 싸다

67

해석

학습에서 이해가 가지 않는 부분을 만나면 반드시 많이 물어야 하고, 자신의 문제가 너무 간단할까 봐 두려워하지 말아야 한다. 사실 선생님들은 모두 질문하기 좋아하는 학생을 좋아한다. 만약 질문을 하지 않는다면, 문제는 갈수록 많아질 뿐이다.
★ 이 단락의 말은 주로 우리에게 무엇을 알려주는가?

보기

A 스스로 문제를 해결해야 한다
B 질문하는 것을 두려워하지 마라
C 일을 만나면 조급해해서는 안 된다

68

해석

모든 사람은 자신의 흥미와 취미가 있는데, 나의 가장 큰 취미는 바로 여행이라서, 기회만 있으면 나는 밖으로 나가서 돌아다닌다. 여행할 때 나는 바깥세상이 그렇게 크고, 많은 것들은 책에서 배울 수 없는 것들이라는 것을 발견하게 된다.
★ 여행은 그로 하여금 어떻게 하나?

보기

A 일을 할 때 더 열심히 한다   B 친절하게 변화시켰다
C 많은 것을 배운다

69

해석

미안한데, 내가 아마도 몇 분 늦을 것 같아. 중간까지 걸어 와서야 휴대 전화를 가져오지 않은 것을 발견하고 지금 가지러 돌아가. 네가 만약 먼저 도착하면, 도서관 옆의 커피숍에 가서 나를 좀 기다려줘.
★ 화자는 왜 다시 돌아갔나?

보기

A 한 푼도 가지고 오지 않았다
B 휴대 전화 가져오는 것을 잊었다
C 손님이 왔다

70

해석

비록 그 가게가 여기서 조금 멀지만, 그러나 그들 가게의 케이크와 빵은 정말 맛있어. 그래서 나는 거의 매주 사러 가.

★ 그 가게는?

보기

A 케이크가 맛있다　　　B 양고기를 비싸게 판다
C 회사에서 멀다

三、书写 　쓰기 해석

✓ 第一部分 · 제1부분

71
정답 山脚下有很多大树。
해석 산자락에 매우 많은 큰 나무들이 있다.

72
정답 这些水果看起来不太新鲜。
해석 이 과일들은 보기에 그다지 신선하지 않다.

73
정답 我去洗手间洗洗脸。
해석 나는 화장실에 가서 세수를 좀 하겠다.

74
정답 这是为你特别准备的杯子。
해석 이것은 당신을 위해 특별히 준비한 잔입니다.

75
정답 他把办公室打扫得很干净。
해석 그는 사무실을 깨끗하게 청소했다.

✅ 第二部分 · 제2부분

76
정답 云

해석 오늘은 맑은 날씨이고, 구름이 없다.

77
정답 回

해석 여자 친구의 대답은 그를 매우 기쁘게 했다.

78
정답 忙

해석 일이 아무리 바빠도 건강에 주의해야 하고, 건강이야말로 가장 중요하다는 것을 알아야 한다.

79
정답 打

해석 나는 최근 계속 다리가 아파서, 정오에 병원에 가서 검사를 한 번 해볼 계획이다.

80
정답 早

해석 엄마는 비록 입으로는 아무 말 하지 않았지만, 마음속으로는 일찌감치 동의했다.

실전 모의고사 정답 (2회)

一、听力 듣기

第一部分 제1부분										
	1	B	2	C	3	E	4	F	5	A
	6	E	7	D	8	B	9	A	10	C

第二部分 제2부분										
	11	√	12	×	13	√	14	×	15	√
	16	√	17	×	18	√	19	×	20	×

第三部分 제3부분										
	21	C	22	C	23	B	24	C	25	A
	26	B	27	B	28	C	29	A	30	B

第四部分 제4부분										
	31	B	32	C	33	A	34	B	35	A
	36	A	37	C	38	B	39	C	40	A

二、阅读 독해

第一部分 제1부분										
	41	B	42	D	43	C	44	A	45	F
	46	B	47	E	48	D	49	C	50	A

第二部分 제2부분										
	51	C	52	F	53	D	54	A	55	B
	56	E	57	B	58	A	59	C	60	F

第三部分 제3부분										
	61	B	62	A	63	B	64	A	65	C
	66	B	67	C	68	A	69	B	70	C

三、书写 쓰기

第一部分 제1부분		
71	她又黑又长的头发真漂亮。	
72	短发让你看起来更年轻。	
73	盘子里的蛋糕被小狗吃了。	
74	大家都没明白老师的意思。	
75	他最后决定把自行车送给我。	

第二部分 제2부분										
	76	雨	77	花	78	更	79	不	80	把

실전 모의고사 해석

一、听力 듣기 해석

✓ 第一部分 · 제1부분

1-5

1

> 女：黑板上的那个字怎么读？
> 男：我也不认识。我查一下字典，然后再告诉你。

해석
여: 칠판 위의 저 글자는 어떻게 읽어?
남: 나도 모르겠어. 내가 사전 한 번 찾아보고, 그런 후에 너에게 알려줄게. (B)

2

> 男：姐姐刚才打电话说一会儿要过来。
> 女：好啊。那要不要再多做几个菜？

해석
남: 누나가 방금 전화가 와서는 좀 있다 오려고 한다고 말했어.
여: 좋아요. 그럼 몇 가지 요리를 더 많이 해야 하는 것 아닐까요? (C)

3

> 女：你怎么买了这么多衬衫？
> 男：天热了，多买几件，换着穿。

해석
여: 너는 어째서 이렇게 많은 셔츠를 샀어?
남: 날이 더워져서 몇 벌 많이 사두고 바꿔가면서 입으려고. (E)

4

> 男：医生，我多高了？
> 女：一米五了，今年个子长了不少啊。

해석
남: 의사 선생님, 제가 얼마나 컸나요?
여: 150이네. 올해 키가 적지 않게 컸구나. (F)

5

> 女：看，我新买的运动鞋。
> 男：真不错。周末我们一起去跑步吧。

해석
여: 봐. 내가 새로 산 운동화야.
남: 정말 괜찮다. 주말에 우리 함께 달리기하러 가자. (A)

6-10

6

> 男：早点儿睡吧。明天还要上课。
> 女：马上！我把这个练习题做完就睡，您先睡吧。

실전 모의고사 2회 해석

해석

남: 좀 일찍 자. 내일 또 수업해야 하잖아.

여: 금방이요! 저는 이 연습문제를 다 풀고 바로 잘게요. 아빠 먼저 주무세요. (E)

7

女：这个瓶子买来放花儿怎么样？

男：我觉得有点儿小，再看看有没有大一点儿的。

해석

여: 이 병을 사와서 꽃을 두면 어떨까요?

남: 나는 좀 작은 거 같으니, 더 큰 것이 있는지 없는지 다시 봐요. (D)

8

男：这是女儿的衬衫？

女：是的。上面有块黑色的东西，应该能洗干净吧？

해석

남: 이것은 딸의 셔츠야?

여: 응. 위에 한 덩이 검은 것이 있는데, 깨끗하게 씻어낼 수 있겠지? (B)

9

女：先生，这是您的护照吗？我在休息室的椅子上看见的。

男：是我的，太谢谢你了。我正着急用呢。

해석

여: 선생님, 이것이 당신의 여권인가요? 제가 휴게실 의자 밑에서 보았습니다.

남: 제 것이에요. 정말 감사합니다. 제가 막 급하게 사용하려고 했어요. (A)

10

男：今天我们要去爬山，你怎么还穿皮鞋呀？

女：我忘了，我马上去换。

해석

남: 오늘 우리 등산하러 가려고 하는데, 너는 어째서 아직 구두를 신고 있어?

여: 깜빡했어. 내가 바로 가서 바꿔 신을게. (C)

第二部分 · 제2부분

11

今天来参加会议的人太多了，后面来的人都没有地方坐了。我们换个大一点儿的会议室吧。

★ 来参加会议的人很多。

해석

오늘 회의에 참가하러 온 사람이 너무 많아서, 뒤에 오는 사람들은 앉을 곳도 없어. 우리 좀 큰 회의실로 바꾸자.

★ 회의에 참가하러 온 사람이 많다. (√)

12

哥哥从八岁开始学画画儿，到现在都六年了。他画的花草跟真的一样。

★ 哥哥从去年开始学画画儿。

해석

형은 8살 때부터 그림 그리는 것을 배우기 시작해서, 지금까지 이미 6년이 되었다. 그가 그린 화초는 진짜와 똑같다.

★ 형은 작년부터 그림 그리는 것을 배우기 시작했다. (X)

13

请大家记清楚回来的时间，不要迟到。如果晚了，司机就不等了。

★ 司机不会等迟到的人。

해석

모두 돌아오는 시간을 정확하게 기억하시고, 지각하지 마세요. 만약 늦으면, 기사는 기다리지 않습니다.

★ 기사는 지각하는 사람을 기다리지 않을 것이다. (√)

14

这几天去上海的人太多了，不但火车票没有了，机票也卖完了。我只能选择坐船去了。

★ 他买到了火车票。

해석

요 며칠 상하이에 가는 사람이 너무 많아서, 기차표가 없을 뿐만 아니라, 비행기 표도 다 팔렸다. 나는 배를 타고 가는 것을 선택할 수밖에 없다.

★ 그는 기차표를 샀다. (X)

15

您先看一下。这张纸上面的要求如果都同意的话，请您在最下面写上自己的名字。

★ 名字要写在最下面。

해석

당신께서 먼저 보세요. 이 종이 위의 요구에 만약 모두 동의하신다면, 가장 아래에 본인의 이름을 써주세요.

★ 이름은 가장 아래에 써야 한다. (√)

16

喂！你别着急，我已经坐上出租车了，马上就把护照给你送过来，等我十分钟。

★ 他要去送护照。

해석

여보세요! 조급해하지 마. 내가 이미 택시를 탔으니까, 금방 여권을 너에게 보내 줄게. 10분만 기다려.

★ 그는 여권을 보내주려고 한다. (√)

17

家里的桌子和椅子都旧了，这周末我们去商店看看吧。前段时间我工作太忙了，一直没时间和你去。

★ 那些桌椅都是新的。

해석

집의 탁자와 의자가 모두 낡았으니, 이번 주말에 우리 상점에 가서 좀 보자. 전에는 내가 일이 너무 바빠서, 줄곧 너와 갈 시간이 없었어.

★ 그 탁자와 의자들은 모두 새것이다. (X)

18

我上大学时特别爱玩儿电子游戏，后来就找了个跟游戏有关的工作。

★ 他的工作和游戏有关。

해석

나는 대학 다닐 때 전자 게임 하는 것을 매우 좋아했고, 후에 게임과 관련된 일을 찾았다.

★ 그의 일은 게임과 관계가 있다. (√)

실전 모의고사 2회 해석

19

红茶不但可以喝，而且还可以用来做菜。用红茶做的鸡蛋就很好吃。

★ 绿茶可以做菜。

해석

홍차는 마실 수 있을 뿐만 아니라, 게다가 사용해서 요리를 만들 수도 있다. 홍차를 사용해서 만든 달걀은 맛있다.

★ 녹차는 요리를 만들 수 있다. (X)

20

这里的人非常热情，客人来的时候，他们会把房间打扫干净，做很多好吃的菜，准备好啤酒来欢迎客人。

★ 那儿的人不太热情。

해석

이곳의 사람들은 매우 친절해서, 손님이 왔을 때, 그들은 방을 깨끗하게 청소하고, 많은 맛있는 음식을 만들고, 좋은 맥주를 준비해서 손님을 맞이한다.

★ 그곳의 사람들은 그다지 친절하지 않다. (X)

第三部分 · 제3부분

21

女：黑板上的句子大家都会了吗?
男：老师，您能再讲一下"了解"这个词吗? 我还不太明白。
问：他们最有可能在哪儿?

A 街道上　　B 商店里　　C 教室里

해석

여: 칠판 뒤의 문장을 모두 할 수 있게 됐나요?
남: 선생님, '이해하다' 이 단어를 다시 한번 설명해주실 수 있나요? 저는 아직 그다지 이해가 안 됩니다.
질문: 그들은 어디에 있을 가능성이 가장 큰가?

보기

A 거리　　　　B 상점 안　　　　C 교실 안

22

男：你给经理发电子邮件了吗?
女：还没有，等事情都解决了再发。
问：女的为什么没有发电子邮件?

A 电脑坏了　B 忘记了　C 事情还没解决

해석

남: 당신은 사장님께 메일을 보냈나요?
여: 아직이요. 일이 모두 해결되면 보낼게요.
질문: 여자는 왜 메일을 보내지 않았나?

보기

A 컴퓨터가 고장 났다　　　B 잊었다

C 일이 아직 해결되지 않았다

23

女：都十点了。丽丽怎么还没回来?
男：别担心。她刚才打电话说在朋友家玩儿游戏，晚点儿回来。
问：丽丽现在在哪儿?

A 图书馆　　B 朋友家　　C 教室

해석

여: 이미 10시예요. 리리는 어째서 아직 돌아오지 않았죠?
남: 걱정하지 마. 그녀가 방금 전화해서 친구 집에서 게임을 하느라 좀 늦게 돌아온다고 말했어.

질문: 리리는 지금 어디에 있나?

보기

A 도서관　　　　　B 친구 집　　　　　C 교실

보기

A 날씨가 덥다　　　B 비가 적게 온다　　C 깨끗하다

24

男：你这么着急，是去哪儿？
女：我想去银行办张卡，但现在已经差十分五点了。我担心银行要关门了。
问：女的在担心什么？
A 上班迟到　　B 飞机晚点　　C 银行要关门

해석

남: 당신은 이렇게 조급하게 어디에 가는 거예요?
여: 나는 은행에 가서 카드 한 장 발급하고 싶어요. 그런데 지금은 이미 5시 되기 15분 전이네요. 나는 은행이 문을 닫을까 걱정이에요.
질문: 여자는 무엇을 걱정하고 있나?

보기

A 출근에 지각하다　　　　B 비행기가 연착하다

C 은행이 문을 닫으려 한다

25

女：你来南方两个多月了。吃的住的还习惯吗？
男：除了天气有点儿热，其他都还好。
问：男的认为南方怎么样？
A 天气热　　　B 很少下雨　　　C 很干净

해석

여: 네가 남방에 온 지 2개월이 넘었어. 먹는 것과 지내는 것이 익숙해졌어?
남: 날씨가 조금 더운 것을 제외하면, 다른 것은 모두 괜찮아.
질문: 남자는 남방이 어떠하다고 생각하나?

26

男：爷爷喜欢吃葡萄。我们多买一些吧。
女：葡萄放久了容易坏。先买这些，等吃完了再买。
问：谁喜欢吃葡萄？
A 姐姐　　　　B 爷爷　　　　C 阿姨

해석

남: 할아버지는 포도 먹는 것을 좋아하셔. 우리 좀 더 많이 사자.
여: 포도는 오래 두면 쉽게 상해. 먼저 이렇게만 사고, 다 먹으면 다시 사자.
질문: 누가 포도 먹는 것을 좋아하나?

보기

A 누나　　　　　B 할아버지　　　　　C 이모

27

女：遇到什么问题，就告诉我。我一定帮忙。
男：好的，谢谢您的关心。
问：女的是什么意思？
A 不想聊天儿　　B 愿意帮忙　　C 同意见面

해석

여: 무슨 문제를 만나면 나에게 말해. 내가 반드시 도울게.
남: 네. 당신의 관심에 감사드립니다.
질문: 여자는 무슨 뜻인가?

보기

A 이야기하기 싫다　　　　B 돕기를 원한다

C 만나는 것에 동의한다

28

男：你给他发邮件了吗？
女：没有，我觉得那样说不清楚。还是见面说吧。
问：女的是什么意思？

A 声音太大　　B 要看报纸　　C 想见面聊

해석

남: 당신은 그에게 메일을 보냈어요?
여: 아니요. 저는 그렇게는 정확하게 말할 수 없다고 생각해요. 그냥 만나서 얘기하죠.
질문: 여자는 무슨 뜻인가?

보기

A 목소리가 너무 크다　　B 신문을 보려고 한다
C 만나서 이야기하고 싶다

29

女：上午的会议几点开始？
男：十点，还没到时间。现在差十分十点。
问：现在几点了？

A 9:50　　B 10:10　　C 8:50

해석

여: 오전의 회의는 몇 시에 시작하나요?
남: 10시인데 아직 시간이 되지 않았어요. 지금 10시 되기 10분 전이에요.
질문: 지금은 몇 시가 되었나?

보기

A 9:50　　B 10:10　　C 8:50

30

男：现在有个留学的机会，你感兴趣吗？
女：真的？我想了解一下，去哪个国家呀？
问：女的想了解什么？

A 他姓什么　　B 留学的事情　　C 考试成绩

해석

남: 지금 유학갈 기회가 있는데, 당신은 흥미가 있나요?
여: 정말이요? 저는 알아보고 싶어요. 어느 나라로 가나요?
질문: 여자는 무엇을 알아보고 싶은가?

보기

A 그가 성이 무엇인지　　B 유학 가는 일　　C 시험 성적

第四部分 · 제4부분

31

男：你决定去外地工作了？
女：还没想好。我也不知道该怎么选择。
男：我觉得这是个好机会。
女：我妈也这样说。她希望我去试试。
问：女的是什么意思？

A 突然很想去　　B 还没决定　　C 不想找工作

해석

남: 너는 외지에 가서 일하기로 결정한 거야?
여: 아직 다 생각하지 못했어. 나도 어떻게 선택해야 할지 모르겠어.
남: 나는 이것이 좋은 기회라고 생각해.
여: 우리 엄마도 그렇게 말씀하셔. 그녀는 내가 가서 시도해보길 희망해.
질문: 여자는 무슨 뜻인가?

보기

A 갑자기 가고 싶다　　B 아직 결정하지 못했다
C 직업을 찾고 싶지 않다

32

女：张老师，校长让你去他办公室。
男：校长找我有什么事儿？
女：可能跟下周的足球比赛有关。其他的体育老师都到了。
男：我知道了。谢谢。
问：谁在找男的？
A 叔叔　　　B 邻居　　　C 校长

해석

여: 장 선생님, 교장 선생님께서 그의 사무실로 오라고 하셨어요.
남: 교장 선생님은 무슨 일로 저를 찾았나요?
여: 아마도 다음 주의 축구 경기와 관계있는 것 같아요. 다른 체육 선생님은 모두 도착했어요.
남: 네, 알겠습니다. 감사합니다.
질문: 누가 남자를 찾나?

보기

A 삼촌　　　B 이웃　　　C 교장

33

男：给你介绍一下，这是我的同事小高。
女：不用了，我们早就认识了。
男：奇怪，你们怎么认识的?
女：我早上在公园跑步的时候经常遇到他，没想到，他是你同事。
问：男的和小高是什么关系？
A 同事　　　B 师生　　　C 夫妻

해석

남: 당신에게 소개할게요. 이쪽은 내 동료 샤오까오입니다.
여: 그럴 필요 없어요. 우리는 일찌감치 알고 있어요.
남: 이상하네요. 당신들은 어떻게 알게 된 거예요?
여: 내가 아침에 공원에서 조깅할 때 종종 그를 우연히 만났는데, 생각지도 못하게 그가 당신의 동료였네요.
질문: 남자와 샤오까오는 무슨 관계인가?

보기

A 동료　　　B 스승과 제자　　　C 부부

34

女：这个事情让小陈来做我不太放心。
男：为什么？
女：我总觉得他的工作热情不高，也没别人努力。
男：我不同意。我认为他做事很认真，也爱帮助人，应该给他这个机会。
问：男的觉得小高怎么样？
A 身体很健康　　B 工作认真　　C 个子太矮

해석

여: 이 일을 샤오천에게 와서 하게 하는 것은 그다지 안심이 되지 않아요.
남: 왜요?
여: 나는 항상 그의 업무 열정이 높지 않고, 다른 사람만큼 노력하지 않는다고 생각해요.
남: 나는 동의하지 않아요. 나는 그가 일을 할 때 진지하고, 다른 사람 돕기를 좋아하기도 하니까 그에게 이 기회를 주어야 한다고 생각해요.
질문: 남자는 샤오까오가 어떻다고 생각하나?

보기

A 신체가 건강하다　　B 업무가 진지하다
C 키가 너무 작다

35

男：请问，这附近有公共汽车站吗？
女：有。你一直往北走，会经过一个路口，然后再往东走就到了。

실전 모의고사 2회 해석

```
男：离这儿近不近？
女：很近，也就五分钟。
问：关于男的，可以知道什么？
A 在问路    B 想坐船    C 腿疼
```

해석

남: 여쭤볼게요. 이 부근에 버스 정류장이 있습니까?
여: 있어요. 당신이 줄곧 북쪽으로 가면 교차로를 지나게 되고, 그런 다음 다시 동쪽으로 가면 도착합니다.
남: 이곳에서 가까운가요?
여: 가까워요. 겨우 5분입니다.
질문: 남자에 관해, 무엇을 알 수 있나?

보기

A 길을 묻고 있다   B 배를 타고 싶다   C 다리가 아프다

36

```
女：你的手机怎么了？
男：刚才洗衣服的时候我忘了把手机拿出来了。
女：不会吧。那手机还能用吗？
男：进水了，不能用了。
问：什么东西不能用了？
A 手机    B 手表    C 冰箱
```

해석

여: 네 휴대 전화는 어떻게 된 거야?
남: 방금 빨래할 때 내가 휴대 전화를 꺼내는 것을 잊었어.
여: 설마. 그럼 휴대 전화는 아직 사용할 수 있어?
남: 물이 들어가서 사용할 수 없어.
질문: 무슨 물건을 사용할 수 없나?

보기

A 휴대 전화   B 손목시계   C 냉장고

37

```
男：你找到我的信用卡了？
女：对。我今天打扫房间的时候找到的。
男：在哪儿找到的？
女：就在椅子下面。
问：女的找到了什么？
A 铅笔    B 小狗    C 信用卡
```

해석

남: 너는 내 신용카드를 찾아냈니?
여: 응. 나는 오늘 방을 청소할 때 찾아냈어.
남: 어디에서 찾은 거야?
여: 바로 의자 아래에서.
질문: 여자는 무엇을 찾아냈나?

보기

A 연필   B 강아지   C 신용카드

38

```
女：您好，请问火车站怎么走？
男：您走到前面那个路口，再一直往西走就到了。
女：往西是说到了路口后往左走吗？
男：对，不用一刻钟就到了。
问：女的到了路口应该往哪儿走？
A 北边    B 西边    C 右边
```

해석

여: 안녕하세요. 죄송한데 기차역은 어떻게 가나요?
남: 앞쪽 저 교차로까지 걸어가고, 그런 다음 줄곧 서쪽으로 가면 도착합니다.
여: 서쪽으로 가라는 것은 교차로에 가서 왼쪽으로 가라고 말씀하시는 건가요?

남: 맞아요. 15분도 걸리지 않아 도착합니다.

질문: 여자는 교차로에 가서 어느 쪽으로 가야 하나?

보기

A 북쪽   B 서쪽   C 오른쪽

39

男：你在找什么？
女：我的小猫不见了。我下班后发现它没在家。
男：别着急。我刚才经过河边时看到你的猫了。
女：太好了。谢谢你。
男：不客气。
问：女的为什么着急？
A 忘拿火车票了   B 走错路了   C 小猫不见了

해석

남: 당신은 무엇을 찾고 있나요?
여: 제 고양이가 보이지 않아요. 제가 퇴근 후 고양이가 집에 있지 않다는 것을 발견했어요.
남: 조급해하지 마세요. 제가 방금 강가를 지날 때 당신의 고양이를 봤어요.
여: 너무 잘됐어요. 감사합니다.
남: 천만에요.

질문: 여자는 왜 조급한가?

보기

A 기차표 가져오는 것을 잊었다   B 길을 잘못 갔다

C 고양이가 보이지 않는다

40

女：听说你离开以前那家公司了？
男：对。后来我又换了好几个工作。但都不太喜欢。
女：那你现在在做什么呢？
男：我自己开了家咖啡馆。离地铁站不远，你有时间可以过来坐坐。
问：男的把咖啡馆开在了哪儿？
A 地铁站附近   B 饭店旁边   C 以前公司楼下

해석

여: 듣기로 당신은 이전 그 회사를 떠났다면서요?
남: 맞아요. 후에 나는 또 몇 개의 직장을 바꿨죠. 그러나 모두 그다지 좋아하지 않았어요.
여: 그럼 당신은 지금 무엇을 하고 있나요?
남: 내 스스로 커피숍을 열었어요. 지하철 역에서 멀지 않으니, 당신 시간 있으면 와서 좀 앉아있어도 돼요.

질문: 남자는 커피숍을 어디에서 열었나?

보기

A 지하철역 부근   B 식당 옆   C 이전 회사 아래층

二、阅读　독해 해석

✓ 第一部分 · 제1부분

41-45

41

해석

B 이상하네. 이미 8시가 되었는데, 뉴스가 어째서 아직 시작하지 않지?

네 손목 시계 상의 시간이 15분이 빨라.

42

해석

D 주말에 동물원에서 찍은 많은 사진들이 모두 그다지 또렷하지 않아.

괜찮아. 너는 처음 이 카메라를 사용했잖아. 다음번에는 좋아질 거야.

43

해석

당신은 나의 그 셔츠를 봤나요? 내가 의자 위에 둔 그 셔츠.

C 어제저녁에 내가 그것을 씻었으니까, 당신은 다른 것을 입어요.

44

해석

A 나는 배고프지 않아. 단지 목이 좀 말라.

그럼 너는 여기서 좀 쉬어. 내가 앞에 가서 음료 파는 곳이 있는지 좀 볼게.

45

해석

너 봐봐. 이 아이는 정말 그의 엄마를 닮았어.

F 맞아. 특히 눈과 코.

46-50

46

해석

B 이 일은 중요하니 네가 하도록 해. 다른 사람은 내가 안심하지 못해.

좋습니다. 제가 노력하겠습니다.

47

해석

이 케이크는 누가 산 거야? 정말 맛있다.

E 오전에 이 아주머니가 왔었는데, 아마도 그녀일 거야.

48

해석

D 당신이 사는 곳은 여기서 먼가요? 제가 당신을 바래다줄까요?

괜찮아요. 감사합니다. 저는 택시를 타고 돌아갈게요.

49

해석

당신의 관심에 감사합니다. 제 발은 이미 많이 좋아져서, 일어날 수 있게 되었어요.

C 하지만 의사가 아직 걸을 수 없으니 많이 쉬어야 한다고 말했어요.

50

해석

할아버지가 많은 물건을 가져오셨으니, 네가 아래층으로 가서 그를 도와 들고 오렴.

A 네. 제가 바로 내려 가서 그를 마중할게요.

第二部分 · 제2부분

51-55

51
> 해석

이런 일을 C 만났으니, 그는 분명 괴로울 것이다.

52
> 해석

너는 F 이를 닦으면서 말을 하지 마. 나는 네가 하는 말을 정확하게 들을 수 없어.

53
> 해석

나는 마땅히 스스로에 대한 요구는 좀 높아야 하고, 다른 사람에 대한 요구는 좀 D 낮아야만 한다.

54
> 해석

선생님, 이번 시험은 A 반드시 연필로 답을 써야 하나요?

55
> 해석

오빠의 B 영향 하에, 나는 천천히 춤추는 것을 좋아하기 시작했다.

56-60

56
> 해석

A: 우리는 먼저 강가에 가서 좀 걷고, 그런 다음 다시 호텔로 돌아가는 게 어때?
B: 좋아. 내가 생각하는 것과 E 같아.

57
> 해석

A: 그들의 중국어가 어떤가요?
B: 장신이 말을 할 줄 모르는 것을 B 제외하고, 다른 사람들은 모두 말을 잘해요.

58
> 해석

A: 당신 생각엔 이 두 가지 A 방법 중 어느 것이 더 좋은 것 같나요?
B: 비교를 거쳐 그래도 첫 번째가 좋아요. 나는 그것이 짧은 시간에 문제를 해결할 수 있을 것이라고 믿어요.

59
> 해석

A: 왕 아주머니가 우리에게 그녀의 집에 가서 명절을 보내자고 초대했는데, 무슨 선물을 가져갈까?
B: 한 C 병의 포도주나 혹은 약간의 과일을 사도 모두 괜찮아.

60
> 해석

A: 너는 여동생 데리고 수영하러 간 것 아니었니? 어째서 돌아왔어?
B: 제가 수영장 카드를 F 가져가는 것을 깜빡했는데, 반 정도 갔다가 생각이 났어요.

第三部分 · 제3부분

61

해석

자주 화를 내는 것은 사람을 늙게 만든다. 그래서 기분이 좋지 않은 일을 만났을 때, 나는 항상 자신에게 말한다: "괜찮아, 이것들은 모두 지나갈 것이고, 내일은 또 새로운 하루야."

★ 이 단락의 말에 따르면, 우리는 어떻게 해야 하나?

보기

A 연필을 적게 사용한다   B 적게 화를 낸다
C 과거를 잊는다

62

해석

비록 컴퓨터는 사람들의 업무에 매우 큰 편리함을 가져왔지만, 그러나 장시간 컴퓨터를 마주하고 있으면, 사람들의 신체, 특히 눈에 영향이 크다.

★ 장시간 컴퓨터를 사용하면, 어떻게 되나?

보기

A 건강에 영향을 준다   B 표준어 수준을 향상시킨다
C 잘 울게 변한다

63

해석

어제 나는 인터넷에서 한 켤레의 신발을 샀고, 오늘 받았다. 비록 색깔은 인터넷 상에서 보던 것과 그다지 같지 않지만, 그러나 발에 신으니 매우 편안해서, 나는 그래도 비교적 만족한다.

★ 이 단락의 말에 따르면, 그 신발이 어떠함을 알 수 있나?

보기

A 빨간색이다   B 신으면 편안하다   C 다 팔렸다

64

해석

나는 반드시 그것을 찾아야 하는데, 이 편지는 나에게 중요하고, 한 오랜 친구가 나에게 쓴 것이에요. 나는 어제 다 보고 책상 위에 두었는데, 당신은 봤나요? 위에 연필로 그린 웃는 얼굴이 있어요.

★ 화자는 무엇을 하고 있나?

보기

A 물건을 찾는다   B 달을 그린다   C 메일을 쓴다

65

해석

마 선생님과 우리는 같은 건물에 살고, 게다가 모두 5층에 있다. 우리는 종종 엘리베이터에서 그를 보게 됐고, 그래서 알게 되었다. 지금 그와 우리의 관계는 좋다.

★ 그들과 마 선생은?

보기

A 자주 노래 부르러 간다   B 모두 진지하다   C 이웃이다

66

해석

그 약은 거의 어떤 작용도 없어서, 그녀의 이는 여전히 아프다. 그녀는 어제저녁에 잠을 잘 못 잤고, 나는 그녀의 공부에 영향을 줄까 걱정이 된다. 그래서 나는 그녀를 데리고 병원에 가서 다시 검사를 좀 받아보고 싶다.

★ 화자에 관해, 무엇을 알 수 있나?

보기

A 선택을 할 방법이 없다   B 진료를 받으러 가려고 한다
C 감기에 걸렸다

67

해석

지금, 베이징의 많은 공원들의 입장권은 모두 저렴한데, 어떤 것은 겨우 1, 2위안이면 된다. 만약 당신이 자주 공원에 가서 운동을 한다면 연간 표를 끊을 수 있는데, 이렇게 하면 매번 가서 표를 살 필요가 없을 뿐만 아니라, 게다가 더 저렴해진다.

★ 자주 공원에 가는 사람들에게 있어서, 연간 표가 있으면?

보기

A 외출이 더 쉽다   B 선택이 적어진다   C 더 편리하다

68

해석

사장님, 제 생각에는 종업원이 여전히 좀 적고, 지금 가게에 와서 식사하는 고객은 갈수록 많아져서, 특히 정오에는 모두 종종 쉴 새 없이 바쁩니다. 사장님이 보시기에 몇 사람을 더 찾아야(뽑아야) 하지 않을까요?

★ 화자는 무슨 뜻인가?

보기

A 종업원이 적다   B 사장은 요구가 낮다
C 일은 힘들지 않다

69

해석

출국해서 유학하는 것은 많은 젊은이들에게 있어서 일종의 단련이다. 왜냐하면 한 사람이 외국에 있으면, 스스로를 돌보는 것을 배워야 할 뿐만 아니라, 게다가 자신이 이전에 만난 적이 없는 문제를 해결하는 것을 배워야 한다.

★ 이 단락의 말은 주로 우리에게 외국에 가서 유학하는 것이 어떻다는 것을 알려주는가?

보기

A 다른 사람의 도움이 필요하다
B 사람을 단련시킬 수 있다
C 비교적 어렵다

70

해석

작년에 할아버지가 생일을 보내실 때, 나는 그에게 휴대 전화 하나를 선물했다. 처음에 그는 사는 것에 동의하지 않고 필요하지 않고 사용할 줄도 모른다고 말했지만, 그러나 지금 그는 휴대 전화의 작용이 크다고 생각해서, 이미 그것이 없어서는 안되게 되었다.

★ 할아버지에 관해 무엇을 할 수 있나?

보기

A 휴대 전화가 저렴하다고 생각한다   B 삼촌이 모셔갔다
C 휴대 전화를 쓰는 것을 좋아한다

三、书写 — 쓰기 해석

第一部分 · 제1부분

71
정답 她又黑又长的头发真漂亮。
해석 그녀의 검고 긴 머리카락은 정말 예쁘다.

72
정답 短发让你看起来更年轻。
해석 단발은 당신을 보기에 더 젊게 만들어요.

73
정답 盘子里的蛋糕被小狗吃了。
해석 쟁반 위의 케이크는 강아지가 먹었다.

74
정답 大家都没明白老师的意思。
해석 모두 선생님의 뜻을 이해하지 못했다.

75
정답 他最后决定把自行车送给我。
해석 그는 마지막에 자전거를 나에게 선물하기로 결정했다.

第二部分 · 제2부분

76
정답 雨
해석 태양이 나왔으니, 우산을 가져갈 필요가 없어졌다.

77
정답 花
해석 봄에 산 위의 사과나무가 모두 꽃이 피어서, 매우 아름답다!

78
정답 更
해석 아빠, 태양과 달 중 어느 것이 우리로부터 더 가깝나요?

79
정답 不
해석 나는 동의하지 않아. 너는 반드시 먼저 숙제를 다 해야만 가서 TV를 볼 수 있어.

80
정답 把
해석 너는 화장실을 찾아봤니? 지난번에 너는 손목시계를 거기 두었던데.

시원스쿨닷컴

汉语水平考试
HSK（三级）
模拟试题（一）

注 意

一、 HSK（三级）分三部分：

　　1. 听力(40题，约35分钟)

　　2. 阅读(30题，30分钟)

　　3. 书写(10题，15分钟)

二、 听力结束后，有5分钟填写答题卡。

三、 全部考试约90分钟(含考生填写个人信息时间5分钟)。

一、听力

第 一 部 分

第1-5题

A

B

C

D

E

F

例如：男：喂，请问张经理在吗？
　　　女：他正在开会，您半个小时以后再打，好吗？　　D

1.

2.

3.

4.

5.

第 6-10 题

A
B
C
D
E

6. ☐

7. ☐

8. ☐

9. ☐

10. ☐

第 二 部 分

第 11-20 题

例如：为了让自己更健康，他每天都花一个小时去锻炼身体。

　　　★ 他希望自己很健康。　　　　　　　　　　　　　　（ √ ）

　　今天我想早点儿回家，看了看手表，才五点。过了一会儿再看表，还是五点，我这才发现我的手表不走了。

　　　★ 那块手表不是说话人的。　　　　　　　　　　　　（ × ）

11.　★ 他变得比以前更好了。　　　　　　　　　　　　　（　　）

12.　★ 小孩子要少喝那种饮料。　　　　　　　　　　　　（　　）

13.　★ 他给大家打电话了。　　　　　　　　　　　　　　（　　）

14.　★ 遇到问题时不要急。　　　　　　　　　　　　　　（　　）

15.　★ 陈小姐对游泳很感兴趣。　　　　　　　　　　　　（　　）

16.　★ 他在想怎么把时间画出来。　　　　　　　　　　　（　　）

17.　★ 老师对他的影响最大。　　　　　　　　　　　　　（　　）

18.　★ 那些小动物是吃草的。　　　　　　　　　　　　　（　　）

19.　★ 人们现在离不开空调。　　　　　　　　　　　　　（　　）

20.　★ 两个地方的习惯不一样。　　　　　　　　　　　　（　　）

第三部分

第21-30题

例如：男：小王，帮我开一下门，好吗？谢谢！

女：没问题。您去超市了？买了这么多东西。

问：男的想让小做什么？

      A 开门 ✓   B 拿东西   C 去超市买东西

21. A 面包店   B 火车站   C 医院

22. A 鸡肉   B 鸡蛋   C 鱼

23. A 有点儿贵   B 选择太少   C 很方便

24. A 饿了   B 忘记刷牙了   C 没洗脸

25. A 奶奶   B 爸爸   C 爷爷

26. A 长得年轻   B 有两个妹妹   C 不到30岁

27. A 看比赛   B 上网聊天儿   C 发邮件

28. A 打算请假   B 要去锻炼   C 找到工作了

29. A 宾馆   B 医院   C 超市

30. A 一元   B 三毛   C 三分

第四部分

第31-40题

例如：女：晚饭做好了，准备吃饭了

男：等一会儿，比赛还有三分钟就结束了。

女：快点儿吧，一起吃，菜冷了就不好吃了。

男：你先吃，我马上就看完了。

问：男的在做什么？

  A 洗澡   B 吃饭   C 看电视 ✓

31. A 打扫房间   B 借书   C 搬家

32. A 5层   B 6层   C 7层

33. A 忙着复习   B 还没起床   C 作业多

34. A 银行   B 图书馆   C 宾馆

35. A 生气了   B 有些难过   C 感冒了

36. A 姐弟   B 师生   C 夫妻

37. A 练习了半年   B 明天有比赛   C 水平很高

38. A 医院   B 花店   C 公园

39. A 羊肉   B 米饭   C 鸡蛋面

40. A 往西走   B 电梯打不开   C 少了一箱书

二、阅读

第一部分

第41-45题

A 我知道，爷爷以前教过我。

B 早点儿休息吧，都11点一刻了。

C 来到中国以后，她的汉语水平提高得很快。

D 他最近怎么总是来得比较晚？

E 当然。我们先坐公共汽车，然后换地铁。

F 当然了，我们还在这里照过相呢。

例如：你知道怎么去那儿吗？ （ E ）

41. 孩子，你还记得这个地方吗？以前我经常带你来。 （ ）

42. 他换住的地方了，他家到公司有一个多小时。 （ ）

43. 她说得越来越好了。 （ ）

44. 做蛋糕的时候，除了放鸡蛋外，还可以再放些牛奶。 （ ）

45. 好，我看完这个节目就去睡。 （ ）

第46-50题

A 你们看,我们国家在这儿,中国在我们西边。

B 孩子最近不太愿意跟我说话,怎么办?

C 不用,你把筷子和杯子拿过来就可以了。

D 马明,这本书可以借给我看看吗?

E 他的学习成绩有了很大提高。

46. 今天我来洗碗,你累一天了,去看电视吧。　　　(　　)

47. 我下星期二就还你。　　　(　　)

48. 这次汉语考试,小高考得比上次好很多。　　　(　　)

49. 同学们,我在黑板上画了个世界地图。　　　(　　)

50. 你该多花点儿时间跟儿子在一起,多跟他聊聊天儿。　　　(　　)

第二部分

第51-55题

A 张　　B 瘦　　C 同意　　D 回答　　E 声音　　F 兴趣

例如：她说话的（ E ）多好听啊！

51. 她话很少，你跟她说10句，她可能就（　　）你一句。

52. 因为工作比较忙，张新最近（　　）了很多。

53. 他从小就对电子游戏有（　　），长大后他选择了和游戏有关的工作。

54. 这几（　　）照片让我想起了以前很多快乐的事。

55. 放心，爸爸一定会（　　）你这么做的。

第 56-60 题

A 终于　　　B 照顾　　　C 超市　　　D 爱好　　　E 方便　　　F 街道

例如：A：你有什么（ D ）？

B：我喜欢体育。

56. A：7年了，她（　　）同意跟我结婚了。

B：真的吗？太好了！我真为你高兴！

57. A：去火车站的路上有（　　）吗？我想买点儿东西。

B：火车站附近有一家，去那儿买吧。

58. A：路上小心，到了学校给家里打个电话。

B：好的，您就放心吧，我会（　　）好自己的。

59. A：我周末想去动物园，你知道怎么去吗？

B：坐508路就能到。骑自行车去可能更（　　）。

60. A：10年过去了，这条（　　）几乎没什么变化。

B：是，它还是那么干净，那么安静。

第三部分

第61-70题

例如：您是来参加今天会议的吗？您来早了一点儿，现在才八点半。您先进来坐吧。

　　★ 会议最可能几点开始?

　　A 8:00　　　　　　　B 8:30　　　　　　　C 9:00 ✓

61. 邻居王爷爷是小学校长。他每天都第一个到学校，最后一个离开。他常说，如果工作是你自己感兴趣的，再累也是快乐的。

　　★ 王爷爷：

　　A 对人很热情　　　B 喜欢自己的工作　　　C 爱帮助学生

62. 这块儿手表是我8岁生日时哥哥送给我的，已经用了很多年了，虽然现在看上去有点儿旧，颜色也变了，但我还是很喜欢它，不愿意换新的。

　　★ 那块儿手表：

　　A 是节日礼物　　　B 是为哥哥买的　　　C 已经旧了

63. 不要让你的孩子爱上电视。你想想，如果不在电视机前，他会做什么呢？他可能在读书、画画儿或者和其他孩子玩儿，这些都比长时间坐在电视前好得多。

　　★ 这段话主要想告诉我们，不应让孩子：

　　A 长时间看电视　　　B 总是玩儿游戏　　　C 太忙

64. 有些女孩儿认为越瘦越好看,为了能变瘦,有时候饭也不吃,这样做对身体很不好。其实,健康才是最重要的。

   ★ 这段话告诉我们:

   A 健康比漂亮重要　　　B 不要为小事生气　　　C 不要吃得太饱

65. 看书时会遇到一些历史上的人或者国家的名字,这些字现在很多都不用了,想要知道它们的读音和意思,还需要词典的帮助,所以有本词典很方便。

   ★ 看书时会遇到什么?

   A 高中朋友　　　B 做过的练习题　　　C 不认识的字

66. 做蛋糕其实很简单,如果你有兴趣,我可以教你。你愿意学吗?那就好。我们要先准备牛奶、鸡蛋、面、糖和水果这些东西,然后就可以开始了。

   ★ 说话人认为:

   A 做蛋糕不难　　　B 面条儿更贵　　　C 米饭很便宜

67. 学习上遇到不明白的地方一定要多问,不要怕自己问的问题太简单。其实老师们都喜欢爱问问题的学生。如果不问的话,问题只会越来越多。

   ★ 这段话主要想告诉我们什么?

   A 要自己解决问题　　　B 别害怕问问题　　　C 遇事不能着急

68. 每个人都有自己的兴趣爱好，我最大的爱好就是旅游，一有机会，我就会到外面走走。旅游时我发现外面的世界是那么大，有很多东西是书本上学不到的。

   ★ 旅游让他：

   A 做事更认真　　　　　B 变热情了　　　　　C 学到很多

69. 对不起，我可能会迟到几分钟。走到半路我才发现手机没带，现在回去拿。你如果先到了，就去图书馆旁边的那个咖啡馆儿等我一会儿。

   ★ 说话人为什么又回去了？

   A 一分钱没拿　　　　　B 忘记带手机　　　　　C 来客人了

70. 虽然那家店离这儿有点儿远，但是他们店的蛋糕和面包好吃极了，所以几乎每个星期我都会去买。

   ★ 那家店：

   A 蛋糕很好吃　　　　　B 羊肉卖得很贵　　　　　C 离公司很近

三、书写

第一部分

第71-75题

例如：小船　　河上　　一条　　有

　　　河上有一条小船。

71. 大树　　很多　　有　　山脚下

72. 看起来不　　新鲜　　这些水果　　太

73. 脸　　洗手间　　我去　　洗洗

74. 的　　特别准备　　杯子　　这是为你

75. 很干净　　办公室　　把　　打扫得　　他

第二部分

第76-80题

例如：没（ 关^guān ）系。别难过，高兴点儿。

76. 今天是晴天，没有（ ^yún ）。

77. 女朋友的（ ^huí ）答，让他特别高兴。

78. 工作再（ ^máng ）也要注意身体，要知道健康才是最重要的。

79. 我最近总是腿疼，我（ ^dǎ ）算中午去医院检查一下。

80. 妈妈虽然嘴上没说什么，但心里（ ^zǎo ）就同意了。

汉语水平考试 HSK (三级) 答题卡

请填写考生信息

按照考试证件上的姓名填写:

姓名

如果有中文姓名,请填写:

中文姓名

考生序号: [0] [1] [2] [3] [4] [5] [6] [7] [8] [9]

请填写考点信息

考点代码: [0] [1] [2] [3] [4] [5] [6] [7] [8] [9]

国籍: [0] [1] [2] [3] [4] [5] [6] [7] [8] [9]

年龄: [0] [1] [2] [3] [4] [5] [6] [7] [8] [9]

性别: 男 [1] 女 [2]

注意 请用2B铅笔这样写: ■

一、听力

1. [A] [B] [C] [D] [E] [F]
2. [A] [B] [C] [D] [E] [F]
3. [A] [B] [C] [D] [E] [F]
4. [A] [B] [C] [D] [E] [F]
5. [A] [B] [C] [D] [E] [F]
6. [A] [B] [C] [D] [E] [F]
7. [A] [B] [C] [D] [E] [F]
8. [A] [B] [C] [D] [E] [F]
9. [A] [B] [C] [D] [E] [F]
10. [A] [B] [C] [D] [E] [F]

11. [✓] [X]
12. [✓] [X]
13. [✓] [X]
14. [✓] [X]
15. [✓] [X]
16. [✓] [X]
17. [✓] [X]
18. [✓] [X]
19. [✓] [X]
20. [✓] [X]
21. [A] [B] [C]
22. [A] [B] [C]
23. [A] [B] [C]
24. [A] [B] [C]
25. [A] [B] [C]

26. [A] [B] [C]
27. [A] [B] [C]
28. [A] [B] [C]
29. [A] [B] [C]
30. [A] [B] [C]
31. [A] [B] [C]
32. [A] [B] [C]
33. [A] [B] [C]
34. [A] [B] [C]
35. [A] [B] [C]
36. [A] [B] [C]
37. [A] [B] [C]
38. [A] [B] [C]
39. [A] [B] [C]
40. [A] [B] [C]

二、阅读

41. [A] [B] [C] [D] [E] [F]
42. [A] [B] [C] [D] [E] [F]
43. [A] [B] [C] [D] [E] [F]
44. [A] [B] [C] [D] [E] [F]
45. [A] [B] [C] [D] [E] [F]
46. [A] [B] [C] [D] [E] [F]
47. [A] [B] [C] [D] [E] [F]
48. [A] [B] [C] [D] [E] [F]
49. [A] [B] [C] [D] [E] [F]
50. [A] [B] [C] [D] [E] [F]

51. [A] [B] [C] [D] [E] [F]
52. [A] [B] [C] [D] [E] [F]
53. [A] [B] [C] [D] [E] [F]
54. [A] [B] [C] [D] [E] [F]
55. [A] [B] [C] [D] [E] [F]
56. [A] [B] [C] [D] [E] [F]
57. [A] [B] [C] [D] [E] [F]
58. [A] [B] [C] [D] [E] [F]
59. [A] [B] [C] [D] [E] [F]
60. [A] [B] [C] [D] [E] [F]

61. [A] [B] [C]
62. [A] [B] [C]
63. [A] [B] [C]
64. [A] [B] [C]
65. [A] [B] [C]
66. [A] [B] [C]
67. [A] [B] [C]
68. [A] [B] [C]
69. [A] [B] [C]
70. [A] [B] [C]

三、书写

71. _____
72. _____
73. _____
74. _____
75. _____

76.　　77.　　78.　　79.　　80.

汉语水平考试
HSK（三级）
模拟试题（二）

注 意

一、 HSK（三级）分三部分：

    1. 听力(40题，约35分钟)

    2. 阅读(30题，30分钟)

    3. 书写(10题，15分钟)

二、 听力结束后，有5分钟填写答题卡。

三、 全部考试约90分钟(含考生填写个人信息时间5分钟)。

一、听力

第 一 部 分

第1-5题

A

B

C

D

E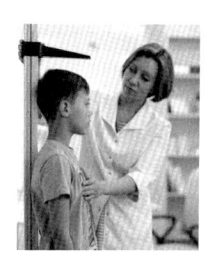

F

例如： 男：喂，请问张经理在吗？
　　　 女：他正在开会，您半个小时以后再打，好吗？　　D

1.

2.

3.

4.

5.

第6-10题

A
B
C
D
E

6. ☐

7. ☐

8. ☐

9. ☐

10. ☐

第二部分

第 11-20 题

例如：为了让自己更健康，他每天都花一个小时去锻炼身体。

★ 他希望自己很健康。 (√)

今天我想早点儿回家，看了看手表，才五点。过了一会儿再看表，还是五点，我这才发现我的手表不走了。

★ 那块手表不是说话人的。 (×)

11. ★ 来参加会议的人很多。 ( )

12. ★ 哥哥从去年开始学画画儿。 ( )

13. ★ 司机不会等迟到的人。 ( )

14. ★ 他买到了火车票。 ( )

15. ★ 名字要写在最下面。 ( )

16. ★ 他要去送护照。 ( )

17. ★ 那些桌椅都是新的。 ( )

18. ★ 他的工作和游戏有关。 ( )

19. ★ 绿茶可以做菜。 ( )

20. ★ 那儿的人不太热情。 ( )

第三部分

第21-30题

例如：男：小王，帮我开一下门，好吗？谢谢！

女：没问题。您去超市了？买了这么多东西。

问：男的想让小做什么？

　　A 开门 ✓　　　　　B 拿东西　　　　　C 去超市买东西

21.　A 街道上　　　　　B 商店里　　　　　C 教室里

22.　A 电脑坏了　　　　B 忘记了　　　　　C 事情还没解决

23.　A 图书馆　　　　　B 朋友家　　　　　C 教室

24.　A 上班迟到　　　　B 飞机晚点　　　　C 银行要关门

25.　A 天气热　　　　　B 很少下雨　　　　C 很干净

26.　A 姐姐　　　　　　B 爷爷　　　　　　C 阿姨

27.　A 不想聊天儿　　　B 愿意帮忙　　　　C 同意见面

28.　A 声音太大　　　　B 要看报纸　　　　C 想见面聊

29.　A 9:50　　　　　　B 10:10　　　　　 C 8:50

30.　A 他姓什么　　　　B 留学的事情　　　C 考试成绩

第四部分

第31-40题

例如：女：晚饭做好了，准备吃饭了

男：等一会儿，比赛还有三分钟就结束了。

女：快点儿吧，一起吃，菜冷了就不好吃了。

男：你先吃，我马上就看完了。

问：男的在做什么？

A 洗澡　　　　　　B 吃饭　　　　　　C 看电视 ✓

31. A 突然很想去　　　B 还没决定　　　　C 不想找工作

32. A 叔叔　　　　　　B 邻居　　　　　　C 校长

33. A 同事　　　　　　B 师生　　　　　　C 夫妻

34. A 身体很健康　　　B 工作认真　　　　C 个子太矮

35. A 在问路　　　　　B 想坐船　　　　　C 腿疼

36. A 手机　　　　　　B 手表　　　　　　C 冰箱

37. A 铅笔　　　　　　B 小狗　　　　　　C 信用卡

38. A 北边　　　　　　B 西边　　　　　　C 右边

39. A 忘拿火车票了　　B 走错路了　　　　C 小猫不见了

40. A 地铁站附近　　　B 饭店旁边　　　　C 以前公司楼下

二、阅读

第一部分

第41-45题

A 我不饿，就是有点儿渴。

B 奇怪，都8点了，新闻怎么还不开始？

C 昨天晚上我把它洗了，你穿别的吧。

D 周末在动物园照的很多照片都不太清楚。

E 当然。我们先坐公共汽车，然后换地铁。

F 是啊，特别是眼睛和鼻子。

例如：你知道怎么去那儿吗？　　　　　　　　　　　　　　　(E)

41. 你手表上的时间快一刻钟。　　　　　　　　　　　　　　(   )

42. 没关系，你第一次用这个相机，下次就好了。　　　　　　(   )

43. 你看见我那件衬衫了吗？我放椅子上的那件。　　　　　　(   )

44. 那你在这儿休息一下，我去前面看看有没有卖饮料的。　　(   )

45. 你看，这孩子长得真像他妈妈。　　　　　　　　　　　　(   )

第46-50题

A 好的,我马上下去接他。

B 这个工作很重要,你来做吧,别人我不放心。

C 但医生说还不能走路,要多休息。

D 你住的地方离这儿远吗? 要不要我送你?

E 上午李阿姨来过,可能是她吧。

46. 好,我会努力的。 (　B　)

47. 这个蛋糕是谁买的? 真好吃。 (　E　)

48. 不用了,谢谢你,我坐出租车回去。 (　D　)

49. 谢谢你的关心,我的脚已经好多了,能站起来了。 (　C　)

50. 爷爷带了很多东西,你去楼下帮他拿一下。 (　A　)

第二部分

第51-55题

A 必须　　　B 影响　　　C 遇到　　　D 低　　　E 声音　　　F 刷牙

例如：她说话的（ E ）多好听啊！

51. （　　）这样的事，他一定很难过。

52. 你不要一边（　　）一边说话，我听不清你说的话。

53. 我应该对自己要求高一点儿，对别人要求（　　）一点儿。

54. 老师，这次考试（　　）用铅笔答题吗？

55. 在哥哥的（　　）下，我开始慢慢喜欢跳舞了。

第 56-60 题

A 办法   B 除了   C 瓶   D 爱好   E 一样   F 拿

例如：A：你有什么（ D ）？
　　　B：我喜欢体育。

56. A：我们先去河边走走，然后再回宾馆怎么样？
　　 B：好，和我想的（　　）。

57. A：他们的中文好不好？
　　 B：（　　）张新不会说外，其他人都说得很好。

58. A：你认为这两种（　　）哪个更好？
　　 B：经过比较，还是第一个好。我相信它短时间就能解决问题。

59. A：王阿姨请我们去她家过节，带什么礼物好呢？
　　 B：带（　　）红酒或者买些水果都可以。

60. A：你不是带妹妹去游泳了吗？怎么回来了？
　　 B：我忘（　　）游泳卡了，走到半路才想起来。

第三部分

第61-70题

例如：您是来参加今天会议的吗？您来早了一点儿，现在才八点半。您先进来坐吧。

★ 会议最可能几点开始？

A 8:00　　　　　　　　B 8:30　　　　　　　　C 9:00 √

61. 经常生气容易使人变老。所以遇到不高兴的事情时，我总是告诉自己："没关系，这些都会过去的，明天又是新的一天。"

★ 根据这段话，我们应该：

A 少用铅笔　　　　　　B 少生气　　　　　　　C 忘记过去

62. 虽然电脑给人们的工作带来了极大的方便，但是长时间对着电脑，对人们的身体，特别是眼睛影响很大。

★ 长时间用电脑，会：

A 影响健康　　　　　　B 提高普通话水平　　　C 变得爱哭

63. 昨天我在网上买了一双鞋，今天就拿到了。虽然颜色跟我在网上看的不太一样，但穿在脚上非常舒服，我还是比较满意的。

★ 根据这段话，可以知道那双鞋：

A 是红色的　　　　　　B 穿着舒服　　　　　　C 卖完了

64. 我必须找到它，这信对我很重要，是一个老朋友写给我的。我昨天看完就放在桌子上了，你看见了吗？上面有一个用铅笔画的笑脸。

    ★ 说话人在：

    A 找东西　　　　　　　B 画月亮　　　　　　　C 写电子邮件

65. 马先生和我们住一个楼，而且都在5层。我们经常会在电梯里看见他，所以就认识了。现在，他和我们的关系不错。

    ★ 他们和马先生：

    A 经常去唱歌　　　　　B 都很认真　　　　　　C 是邻居

66. 那个药几乎没什么作用，她的牙还在疼。她昨天晚上没睡好觉，我担心会影响她的学习，所以我想带她去医院再检查一下。

    ★ 关于说话人，可以知道什么？

    A 没法选择　　　　　　B 要去看医生　　　　　C 感冒了

67. 现在，北京很多公园的门票都很便宜，有的只需要一两块钱。如果你经常去公园运动，还可以办年票，这样不但不用每次去都买票，而且也更便宜了。

    ★ 对常去公园的人来说，有了年票：

    A 出门更容易　　　　　B 选择少了　　　　　　C 更方便

68. 经理，我觉得服务员还是有点儿少，现在来店里吃饭的客人越来越多，特别是中午，大家经常忙不过来。您看要不要多找几个人？

    ★ 说话人是什么意思？

    A 服务员少　　　　　B 经理要求低　　　　　C 工作不累

69. 出国留学对很多年轻人来说是一种锻炼。因为一个人在国外，不但要学会照顾自己，而且还要学着去解决自己以前没遇到过的问题。

    ★ 这段话主要想告诉我们，去国外留学：

    A 需别人帮忙　　　　B 能锻炼人　　　　　C 比较难

70. 去年，爷爷过生日的时候，我送他一个手机。开始他不同意买，说不需要，也不会用，但现在他认为手机的作用很大，已经离不开它了。

    ★ 关于爷爷，可以知道什么？

    A 觉得手机很便宜　　B 被叔叔接走了　　　C 喜欢用手机

三、书写

第一部分

第71-75题

例如：小船　　河上　　一条　　有

　　　河上有一条小船。

71. 头发　　真漂亮　　她那又黑又长的

72. 更年轻　　让　　你看起来　　短发

73. 吃了　　被小狗　　蛋糕　　盘子里的

74. 明白老师　　都没　　意思　　的　　大家

75. 送给　　自行车　　他最后决定　　我　　把

第二部分

第76-80题

例如：没(关^{guān})系。别难过，高兴点儿。

76. 太阳出来了，不用带(^{yǔ}　)伞了。

77. 春天，山上的苹果树都开(^{huā}　)了，漂亮极了！

78. 爸爸，太阳和月亮哪个离我们(^{gèng}　)近？

79. 我(^{bù}　)同意，你必须先完成作业才能去看电视。

80. 洗手间你找过了吗？上次你就(^{bǎ}　)手表忘在那儿了。

汉语水平考试　HSK (三级)　答题卡

请填写考生信息

按照考试证件上的姓名填写：

姓名

如果有中文姓名，请填写：

中文姓名

考生序号
[0] [1] [2] [3] [4] [5] [6] [7] [8] [9]
[0] [1] [2] [3] [4] [5] [6] [7] [8] [9]
[0] [1] [2] [3] [4] [5] [6] [7] [8] [9]
[0] [1] [2] [3] [4] [5] [6] [7] [8] [9]

请填写考点信息

考点代码
[0] [1] [2] [3] [4] [5] [6] [7] [8] [9]
[0] [1] [2] [3] [4] [5] [6] [7] [8] [9]
[0] [1] [2] [3] [4] [5] [6] [7] [8] [9]
[0] [1] [2] [3] [4] [5] [6] [7] [8] [9]
[0] [1] [2] [3] [4] [5] [6] [7] [8] [9]
[0] [1] [2] [3] [4] [5] [6] [7] [8] [9]
[0] [1] [2] [3] [4] [5] [6] [7] [8] [9]

国籍
[0] [1] [2] [3] [4] [5] [6] [7] [8] [9]
[0] [1] [2] [3] [4] [5] [6] [7] [8] [9]
[0] [1] [2] [3] [4] [5] [6] [7] [8] [9]

年龄
[0] [1] [2] [3] [4] [5] [6] [7] [8] [9]
[0] [1] [2] [3] [4] [5] [6] [7] [8] [9]

性别　　男 [1]　　女 [2]

注意　　请用2B铅笔这样写：■

一、听力

1. [A] [B] [C] [D] [E] [F]
2. [A] [B] [C] [D] [E] [F]
3. [A] [B] [C] [D] [E] [F]
4. [A] [B] [C] [D] [E] [F]
5. [A] [B] [C] [D] [E] [F]
6. [A] [B] [C] [D] [E] [F]
7. [A] [B] [C] [D] [E] [F]
8. [A] [B] [C] [D] [E] [F]
9. [A] [B] [C] [D] [E] [F]
10. [A] [B] [C] [D] [E] [F]

11. [✓] [X]
12. [✓] [X]
13. [✓] [X]
14. [✓] [X]
15. [✓] [X]
16. [✓] [X]
17. [✓] [X]
18. [✓] [X]
19. [✓] [X]
20. [✓] [X]

21. [A] [B] [C]
22. [A] [B] [C]
23. [A] [B] [C]
24. [A] [B] [C]
25. [A] [B] [C]
26. [A] [B] [C]
27. [A] [B] [C]
28. [A] [B] [C]
29. [A] [B] [C]
30. [A] [B] [C]
31. [A] [B] [C]
32. [A] [B] [C]
33. [A] [B] [C]
34. [A] [B] [C]
35. [A] [B] [C]
36. [A] [B] [C]
37. [A] [B] [C]
38. [A] [B] [C]
39. [A] [B] [C]
40. [A] [B] [C]

二、阅读

41. [A] [B] [C] [D] [E] [F]
42. [A] [B] [C] [D] [E] [F]
43. [A] [B] [C] [D] [E] [F]
44. [A] [B] [C] [D] [E] [F]
45. [A] [B] [C] [D] [E] [F]
46. [A] [B] [C] [D] [E] [F]
47. [A] [B] [C] [D] [E] [F]
48. [A] [B] [C] [D] [E] [F]
49. [A] [B] [C] [D] [E] [F]
50. [A] [B] [C] [D] [E] [F]
51. [A] [B] [C] [D] [E] [F]
52. [A] [B] [C] [D] [E] [F]
53. [A] [B] [C] [D] [E] [F]
54. [A] [B] [C] [D] [E] [F]
55. [A] [B] [C] [D] [E] [F]
56. [A] [B] [C] [D] [E] [F]
57. [A] [B] [C] [D] [E] [F]
58. [A] [B] [C] [D] [E] [F]
59. [A] [B] [C] [D] [E] [F]
60. [A] [B] [C] [D] [E] [F]

61. [A] [B] [C]
62. [A] [B] [C]
63. [A] [B] [C]
64. [A] [B] [C]
65. [A] [B] [C]
66. [A] [B] [C]
67. [A] [B] [C]
68. [A] [B] [C]
69. [A] [B] [C]
70. [A] [B] [C]

三、书写

71. _____

72. _____

73. _____

74. _____

75. _____

76. ___　　77. ___　　78. ___　　79. ___　　80. ___